DEMOCRATIE

Oniris, Carole & Hóc

François Szabó

Obsidiana Press

www.obsidianapress.net

DEMOCRATIE
Oniris, Carole & Hóc

François Szabó

Obsidiana Press

www.obsidianapress.net

Première édition

ISBN 978-1-948114-27-1

Publié en août 2020
aux États-Unis d'Amérique
par
Obsidiana Press
www.obsidianapress.net

A propos

S i les miscellanées sont un genre de livre qui peut se lire et consulter à volonté c'est parce qu'il recèle une multitude d'informations. ***Démocratie : Oniris, Carole & Hóc*** n'est drôle quasiment que par les citations de *100 Titres* de Clémentine Mélois aux éditions Grasset, qu'elle en soit remerciée et je vous engage à acquérir tous ses livres.

Mon petit livre, carnet amoureux et sensible d'une ville, Montpellier, d'un régime politique, la Démocratie, d'une femme, Carole… N'est pas exhaustif, loin de là. Il se veut incitatif, à voir et visiter ma ville, aimant et sensible, offert.

Il en ressort des affinités électives, pourtant, même ainsi, tout le monde n'y est pas, même si dans cette ville de Montpellier la Maison de la Poésie dénommée Jean Joubert en est un axe affectif.

Bienvenue dans un monde d'amour et de tolérance, de culture et d'échange, dans un monde viable et juste.

Désormais je demande à Edna qu'elle publie mes œuvres de jeunesse, le temps est venu me semble-t-il.

Vous souhaitant bonne lecture et relectures dans l'onirisme.

François Szabó

DEMOCRATIE
Oniris, Carole & Hóc

La rue de Gérone n'est pas une impasse on y parvient par la rue de l'école de pharmacie puis la rue Germain ou la rue du Cannau, elle fait partie de la ville médiévale aux rues étroites qui font gagner l'ombre si précieuse l'été venu. Une plaque rappelle l'engagement d'héberger des étudiants catalans dans cette ville de Montpellier afin qu'ils puissent y suivre un enseignement à l'université de médecine dont nous fêtons cette année les huit cents ans. Vivre l'écusson est un art de vivre, discrètement, sans houle, sérieusement, attentif à tout message éventuel et avec toute la possibilité de s'épanouir dans les cercles de la création.

Place Notre Dame des Tables où les changeurs sous les micocouliers rendaient appoint par des grisettes à l'écu d'or. La grisette n'est pas que ce bonbon à la réglisse et au miel, il s'agit aussi de la montpellieraine pleine de vertu, belle et cultivée telle que Cédric Matet les conçoit en allégories urbaines, les gardiennes, dans sa magnifique exposition à l'Espace Dominique Bagouet sur l'Esplanade. Rue du Collège, rue de la Monnaie et sa chapelle de la Miséricorde au dos de la salle Pétrarque, rue Jacques Cœur, passage Lonjon, Place de la Comédie emblématique place aux trois Grâces. Face à l'Opéra Comédie qui a architecturalement des airs d'Opéra Garnier, Oniris essaye de se remémorer des mélodies françaises interprétées avec brio par Ambroisine Bré (1988-) accompagnée au piano par Qiaochu Li (1989-) lors d'un concert dix jours auparavant salle Pasteur dans l'immense cargo de granit rose du Corum au bout de l'Esplanade. Retrouvant le programme, parmi 17 œuvres, Psyché de Émile Paladilhe (1844-1926)

Je suis jaloux, Psyché, de toute la nature!
Les rayons du soleil vous baisent trop souvent,
Vos cheveux souffrent trop les caresses du vent,

Quand il les flatte, j'en murmure!
L'air même que vous respirez
Avec trop de plaisir passe sur votre bouche.
Votre habit de trop près vous touche!
Et sitôt que vous soupirez
Je ne sais quoi qui m'effarouche
Craint, parmi vos soupirs, des soupirs égarés!

Pierre Corneille

Cette évocation de Psyché rend Oniris conscient du danger de vivre, de cette jalousie dont les dieux et les simples mortels qui ne sont pas épargnés font se quereller. Mais subjugués par la splendeur de Psyché tout est possible.

Je suis Oniris, tu es Carole nous sommes Hóc. De là notre union réitérée de cinc annels de casament.

C'est dans le calme de l'appartement que se renoue la vie, dans le charme de la poésie, dans l'action d'aimer de vouer un culte à l'être aimé. Carole ne vient plus, nous n'avons rien décidé de nouveau, notre vie est pleine de pages blanches qui mérite d'être composée, articulée autour de l'intensité vécue et l'épanouissement total avec cette magnifique sensation de fleurir toujours fleurir. Et pour cela, rien de mieux que le catalan pour assouvir les désirs poétiques que la passion amoureuse alimente, langue tellement nuancée, sans correspondants directs où la métaphore en engendre une nouvelle formée sur la musicalité et sur la détermination du verbe en néologisme.

Tu m'approches en fleur de cerisier burlat avec ce message que je reçois toujours dans la plénitude de la confiance. Vite enivré par ta splendeur, ta superbe de fleur puis fruit précoce fierté de toute cerisaie.

Ô la saison des fruits du verger régal de santé et de joie. Défense et illustration du fruit ce miracle d'énergie, d'allant, de gaieté qui fait d'un pays la contrée du bonheur. Où les oiseaux poètes célestes sont les ambassadeurs de la tendresse.

Tu as mon salut jovial d'abricot polonais du Roussillon qui t'aime tant et plus de toute sa vigueur et de son optimisme et de son bon tempérament.

L'horizon relève tous les possibles, mais le soleil arde, grille, brûle tant et tant qu'il ne demeure comme unique échappatoire que de rester à la source, à l'ombre régénératrice, dans le lieu des amandiers tendres où le miel de tilleul t'attend pour le *mel i mató*, et nous irons à la source des étoiles ensemble cueillir le bonheur là où il prend naissance.

La démocratie est fragile face aux brutes nihilistes qui veulent tout détruire. Ce mouvement de gilets jaunes qui ne veut rien dire, une manifestation qui dure sur plus de quarante et un actes, quarante et un samedis ruinant tout commerce, bloquant transports en commun, brûlant véhicules de location, brisant arrêts de tramway, mettant le feu aux poubelles et brisant les vitrines des centre-ville, les utilisateurs de boules de pétanque et lanceurs de cacatov contre les forces de l'ordre, montre, puisqu'il y en a encore besoin, que les gilets jaunes ont la déchéance de leur pro-fonde honte dévastatrice qui n'estiment pas l'humain avec répétition d'actes primaires. Ils ont pour quelques revendications de rééva-luation du pouvoir d'achat par égocentrisme dirigé leurs attaques contre le président voulant qu'il démissionne à tout prix alors que l'écoute attentive du président a toujours été patiente sans comparaison possible et cherchant concertation...

Quand on voit les dégradations et violences sur les permanences des élus, cette négation de la politique, ajoutée la violence antisémite que le Rassemblement National attise ce parti plein de haine, belliqueux, intolérant. Allons-nous vivre un matin brun ?

Cette ville de Montpellier tellement vouée à la démocratie, à la tolérance, au pari de la diversité et de la bienveillance qui en a fait sa richesse et sa prospérité a toujours su résister à ceux qui sèment la terreur et la haine. Ville toujours pionnière et ce dès sa création, juste une commune clôture réalisée pour sa protection au moyen âge ; mais surtout on retiendra des représentants des corporations avec un système original et complexe de tirage au sort parmi les pressentis. Car la cité médiévale et ses textiles teintés à la cochenille, ses apothicaires renommés, ses commerces d'épices, etc. est prospère et coïncide à ce moment où la Méditerranée catalane est puissante et ouvre des voies aux échanges.

Jacques 1er d'Aragon (1208-1276) né à Montpellier, ville qu'il chérira, de Marie de Montpellier (1182-1213), sa mère, et de son père Pierre II d'Aragon (1174-1213) mariés le 15 juin 1204. Deux mois après leur mariage qui scelle la seigneurie de Montpellier dans le royaume d'Aragon, est proclamée le 15 août la Grande Charte de Montpellier et est créé le consulat. La ville est accueillante pour ses étudiants autant que ses enseignants d'université en faisant abstraction de toutes confessions car ce qui importe dans cette ville multiculturelle c'est vraiment la richesse des enseignements proposés qui détermine cette politique d'ouverture sur le monde. En 1249, Jacques 1er instaure un système équivalent à celui de Montpellier de démocratie représentative avec le conseil des cent pour administrer Barcelona et les corts catalanes en 1248 la Catalogne.

C'est en 1716 que sont abolis le conseil des cent et les corts au lendemain de la guerre de succession par Philippe V roi d'Espagne. Depuis la Diada de l'Onze de Septembre, fête nationale de la Catalogne est la commémoration de la chute de Barcelona, le 11 septembre 1714, le traumatisme d'une nation.

La démocratie et l'indépendance de la Catalogne forment un ensemble cohérent pour tout examen du référendum du 1er octobre 2017 et la déclaration d'indépendance du 27 octobre 2017 portée par Carles Puigdemont. Détermination démocratique que l'Etat Espagnol nie et avec un tel despotisme et odieuse intolérance avec l'arrestation de personnalités politiques inconcevable dans l'Union Européenne. Les propos odieux d'incitation à la haine contre les catalans d'une Espagne qui demeure encore avec des relents franquistes et qui avec ingérence dans la politique catalane donnent raison à Esquerra Republicana Catalana dans sa mobilisation pour l'indépendance. La Catalogne libre et indépendante n'a pas besoin de l'Espagne ni d'une monarchie.

Discrètement, il demeure des traces de la seigneurie de Montpellier, du mythique palais des rois de Majorque, du départ de milliers de Montpellierains partis s'installer à Valencia pour la repeupler la ville conquise.

Montpellier est à son apogée de 1204 à 1349 sous la tutelle du royaume de Majorque mais vendue par Jacques III ruiné pour 120 000 écus d'or au roi de France Philippe VI en 1349.

Le roman de l'Evast et Blanquerne écrit à Montpellier par Ramon Llull (1232-1316) est la clé des réalités et un Vademecum. Quelle présence dans l'écusson que nous apporte ce chef d'œuvre et pas seulement de spiritualité…

« *L'Ami demanda à son Aimé s'il restait en lui quelque chose à aimer. L'Aimé répondit que ce qui pouvait multiplier l'amour était à aimer.* » Première métaphore morale de Ramon Llull dans la traduction de Patrick Gifreu.

Notre existence innerve les feuilles des arbres en cartographie d'amour éternel avant que celles-ci, oui les feuilles caduques ne tombent, l'automne venu.

Je viens de laisser un mot dans une fente de l'arbre à messages du jardin des plantes un phillyrea pluricentenaire. Cet arbre célèbre se trouvant au début de l'allée où l'on peut lire de Valéry Larbaud : *le moment le plus agréable dans l'allée Cusson : de dix heures du matin à midi. C'est un admirable lieu de lecture cette allée surélevée au cœur du jardin des plantes, entre deux murs de verdures variées.*

A proximité de l'arbre aux souhaits, sur la même haute allée, un érable de Montpellier, espèce endémique, beauté d'amour où toute l'affection garantie est à l'aimée dévouée.

Je confie à ma licorne la succession des jours et des nuits à l'ordre de toute célérité, de toute immaculée existence, cette pureté intrinsèque qui ne fait que cavaler dans la danse ailée virtuosité dans la blancheur de la réponse à tout. Spiritualité en chorégraphie lumineuse splendeur sens transcendé.

Bouilleur de cru

Eau-de-vie

Oniris père ciste et cygne

Secret de la Parole d'Oracle, l'aimée est Carole, comme le bruit est la tribu, Alcofibras Nasier est François Rabelais et Oniris n'est jamais loin d'Ironie

Mimétisme

Clémentine Mélois (1980-) et ses réjouissants cent titres détournés le temps d'une Zone Artistique Temporaire dans la rue Maguelone mêlant érudition et culture populaire :

Mycologies de Roland Barthes, le vieil homme et les dents de la mer d'Ernest Hemingway, Sénèque un début, Roland Barthes l'empire des signes contre-attaque, Sophocle *Œdipe* is your love, Melville Maudit Bic, Goethe les souffrances du jeune Werther's Original, Marguerite Duras le ravissement de Lol mdr V.Stein, Colette la Teucha, Soljenitsyne l'archipel du goulash, Homère Liliane et l'Audi C, Jeanne Mas le rouge et le noir,

Jacques Lacan Coyote, Karl Marx et ça repart, Nietzsche crépuscule des idoles des jeunes, Paul Verveine nuit tranquille, Paul Ceylan english breafast, Voltaire Candide crush, Apollinaire Cools, Michel

Foucault corriger et relire, Boris Viande légumes des jours, Ionesco le roi Summer, Dostoïevski crème et chat qui ment, les frères Bogdanov, Emmanuel Lavinasse éthylique et infini, Italo Calvino si par une nuit d'hiver un Grand Voyageur Plus.

Auxquels j'aurais sans doute ajouté Tolstoï Père et Gay, Gorki l'Amer…

Avis à ma femme Carole, je ne suis vraiment pas un lièvre de mars ni un champion de saut à la perche, pour moi la noix ce n'est qu'un fruit sec ressemblant au cerveau sous la coque et non l'attribut de Jupiter avec lequel il serait présomptueux de rivaliser.

Moondog (1916-1999) est un compositeur réjouissant, son sens du rythme des percussions indiennes, sa manière de lier piano et guitare électrique nous ouvre des univers entiers inexplorés auparavant, un chef d'œuvre tel *Bird's lament* s'enrichit à chaque écoute.

Les fêtes de la Saint Roch (1348-1379) ponctuent le mois d'août avec le 16 août particulièrement, avec défilé de lanceurs de drapeaux, délégation italienne, cérémonie à Notre Dame des Tables, à l'église Saint-Roch, distribution d'eau de la rue de la Loge.

Francesco Petrarca (1304-1374) passe quatre années à étudier le droit à l'Université de Montpellier et ce n'est pas sans émotion que nous lisons et partageons actuellement la poésie dans la fameuse salle Pétrarque lovée dans l'écusson.

Vittorio Alfieri (1749-1803) a passé beaucoup de temps ici et son fonds conservé dans la bibliothèque de médecine est considérable un art lyrique immense y est à dévoiler.

Pascal Gabellone (-2015) a toujours été l'archétype de l'italien cultivé, raffiné, originaire de Bologne, poète traducteur de Antonio Prete et sa *Prosodie de la nature* pour moi le livre le plus pertinent sur le sujet de la création.

ShanShan rue de la Valfère continue sa création calligraphique comme il irradie de poésie entre cultures chinoise et française. C'est l'ami pour toujours.

Louisville est jumelle depuis 1955, précédant la venue d'IBM sur la ville dans le quartier de la Pompignane, les sœurs homonymes Montpelier du Vermont ou au Québec. L'amitié franco-américaine de Montpellier avec sa bibliothèque remarquable, le président Thomas Jefferson sauveur de la vigne languedocienne et grand amateur du vin de Saint Georges d'Orques, l'amitié des Clinton c'est une belle histoire qui s'écrit de part à part de l'Atlantique. Avec la joie de lire avec Lawrence McGuire *The scripture of the golden eternity* de Jack Kerouac à la maison de la poésie

Heidelberg jumelle depuis 1961, avec sa maison située dans l'Hôtel particulier des Trésoriers de la Bourse. Je ne reverrai plus jamais mon ami poète et scénariste Ulrich Zieger disparu en 2015 rue Henri René en deuil ainsi que les anges de Wenders. Clemens Brentano a créé Lorelei alors que moi je ne souhaite que la gloire de Carole, modèle de splendeur et d'intégrité.

Presque autant de villes jumelles que de grains de raisins à une même grappe : Louis-ville (1955) Heidelberg (1961) Kos (1962) Barcelone (1963) Chengdu (1981) Tibériade (1983) Fès (2003) Tlemcen (2009) Rio de Janeiro (2011) Bethleem (2012) Sherbrooke (2013) Palerme (2014) Obninsk (2018)

Rue de l'Ancien Courrier, je n'y fais que passer, au 2, je pense à Max Rouquette (1908-2005), mais n'y ai jamais sonné pour laisser tranquille le poète. Venant de la rue St Guilhem où persiste à rester en activité le plus ancien commerce de Montpelier milieu du XIXe et qui a failli disparaître en fumée après l'incendie par cocktail Molotov d'une voiture de la police municipale lors d'un samedi de défilé de gilets jaunes.

Dans ces belles rues, à main gauche la rue du bras de fer, où logeait John Locke (1632-1704) durant ses séjours montpellie-rains. Le philosophe de *l'Essai sur l'entende-ment humain et Essai sur la tolérance* et *Lettre sur la tolérance* a bien pu percevoir les dégâts des guerres de religions.

Rue St Guilhem, Pierre Torreilles (1921-2005) le poète libraire le plus influent dans les métiers du livre y fonde sa première librairie au sein d'une imprimerie en 1946. Désormais la librairie est une des meilleures au monde et accompagne l'histoire de Montpellier où la croissance démographique la plus considérable et l'effervescence artistique anime tous les domaines artistiques.

Parole d'Oracle

Ile Sallat, sizain St Matthieu. Lieu de vie lové dans l'écusson de Montpellier

Mais surtout on ne peut traverser Montpellier sans penser à Georges Premier de Septimanie visionnaire créateur ami des artistes.

Plaisir de Montpellier

Pour 6 personnes

1 lapin (2 cuisses, 2 gibelottes, 2 râbles)
1 céleri rave
18 asperges vertes
12 branchettes de brocolis
Huile d'olive
Thym
Laurier sauce
1 bouteille de clairette du Languedoc
30cl de muscat Abricots secs Pignons,
6 dents d'ail
Poivre blanc de Sarawak Fleur de sel de Camargue Gelée au madère Gingembre

Préparer la marinade : verser 1 bouteille de
clairette et 30 cl de muscat dans un récipient
detaille moyenne, ajouter les 6 morceaux de
lapin, le thym, les feuilles de laurier, le gingembre, le poivre de Sarawak, les dents d'ail
et mettre au frigo reposer.

Éplucher le céleri rave, le couper en quatre,
l'ébouillanter et le faire cuire à ébullition 15'
dans une grande casserole, retirer à l'écumoire les morceaux. Réserver.

Dans l'eau de cuisson du céleri, faire cuire les branchettes de brocolis en les cuisant 8' à ébullition, les prendre avec l'écumoire, les réserver.

Dans l'eau de cuisson, faire cuire les asperges 10' à ébullition. Réserver dans un torchon. Couper le céleri rave déjà cuit à l'eau en forme de frites, les fariner et les frire dans de l'huile bien chaude. Bien les colorer. Réserver

Dans une autre casserole, préparer dans un demi-litre d'eau la gelée de madère. Placer dans 6 ramequins les branchettes de brocolis, verser dessus la gelée de madère. Laisser prendre au moins une heure au frigo.

Après au moins deux heures après le début de la marinade, colorer dans de l'huile d'olive bien chaude les morceaux de lapin dans une grande sauteuse, poivrer, arroser, une fois les morceaux bien colorés, avec une louche du bon bouillon de céleri afin que le lapin cuise tendrement...

Servir par assiette

1 morceau de lapin assaisonné au dernier moment de poivre blanc de Sarawak et de fleur de sel de Camargue.
Des frites de céleri
1 ramequin branchettes de brocolis prises dans la gelée au madère
3 asperges vertes
Quelques abricots réhydratés dans le bouillon chaud de cuisson de légumes
Quelques pignons

Vin conseillé : clairette du Languedoc

Bonne dégustation !!!

François Szabó

Aubade à l'infini

Poème imaginer le monde demain

Pour Poetas del Mundo

Demain sera hybride
Androïdes sentimentaux
Repères non tangibles
C'est dans la désolation
De la solitude généralisée
Que s'ébauchent des rêves
Prôner le libre arbitre
Comme unique issue
Société paradoxale
Où la réalité
A du mal à perler
A la recherche d'une identité
Chair pensante
Algorithmes tout puissants
L'homme échappe à l'homme
Qu'est-ce qu'une humanité augmentée ?
Croissance exponentielle
Maladies éradiquées

D'autres imprévues portées par la vie
sauvage
Virulentes pandémies réitérées
Quelle sera notre sphère la plus chère ?
Celle de l'intimité sans doute
Celle la plus difficile à préserver
Notre jardin secret
Notre Eden
Où les pommes calibrées
A texture de carton
N'incitent pas à croquer le fruit défendu
Qu'en est-il de l'amour
Si le partenaire est programmé ?
Simple objet de désir à assouvir
Jamais solitude ne sera plus grande plus
forte
En ces années de tyrannie individuelle
Et de revendication de genre
Alors que les limites floues nous
rendent sceptiques
Univers intérieur comme un cocon
Flux incessant d'informations parasites
Familles décomposées jamais réellement
recomposées
Consommation fade pour les plus démunis
Ou excessivement sucrée et salée addictive
Abondance sophistiquée pour les privilégiés
Communautés superficielles

Sondées scrutées par un pouvoir laissé
A l'intelligence artificielle
Dans les schémas des réseaux sociaux
Qui par un politiquement correct
Et un socialement correct
Eloge de la fadeur
Et du non-responsable
Néo-conformisme de rigueur
Opter pour la vie
Alors que même la définition éthique de
celle-ci fait défaut
Choyer une tendre liberté
Si dure à atteindre
Que penser est encore le luxe indispensable
Pour ne pas virer dans l'absurde total
Lorsque les moyens énormes d'analyse
et de synthèse
Sont inouïs et jamais aussi développés
L'Humanité risque d'être esclave
De la programmation de l'intelligence
artificielle.
Cybernétique de l'effroi
Grandes heurs et peurs du monde neuf
C'est en fossoyeur d'un monde ancien
Emballé dans un changement non
contrôlé
Que tout repères sont perdus
Déjà définitivement

Et il ne reste que les miettes
Aux pigeons de mendier notre nourriture
Les tristes farceurs pris à leur propre
médiocrité
Portent le logo de leur dépendance
Comme autrefois les hommes sandwichs
Chaque individu pestiféré de la publicité
A vénérer un sigle une marque
Comme si cela avait le moindre sens
Si ce n'est l'assujétissement à l'étiquette
Dans l'aliénation toujours plus grande
De l'être humain fourvoyé
Tout ce dont le monde a besoin est
Respect et écoute, protection et estime
Douceur
Et au-delà, en couple, de fleurir d'amour
et tendresse.
Alors tout deviendrait possible.

Mémoires en bibliothèques

Myriade est un logiciel et une base de données pour les périodiques, la sous-exploitation de ce merveilleux outil est dommage car il permettait le travail en réseau, la conservation de collections, leur disponibilité, leur consultation.

On verrait mal un bibliothécaire appeler ses garçons Francis s'il est littéraire ou Pascal s'il est scientifique si ce n'est par déformation professionnelle.

Remarques fabuleuses sur le cercle Maillol, exposition de Guinovart, aérien nuage d'aluminium de la fondation Tapiès.

Des poètes qui viennent recopier La Jeune Parque, Maria-Mercè Marçal de passage, consciente de son sort prochain, Pere Gimferrer en quête de documentaire ou d'une copie d'un enregistrement de conférence.

Mais je me souviens d'une furie qui me fait une scène de ménage à propos d'une amie Katia qu'elle a pris à tort pour une amante. Elle inspecte mes vêtements et dans son aveuglement de rage trouve un cheveu ! Bien maigre récolte ! La jalousie est le plus stupide des défauts et ce qui nuit le plus.

Lire est amadouer les existences, c'est salvateur, cela recompose ce que le jour a détricoté.

Tout a une place, l'indexation a même pour l'ornithorynque son tiroir de monotrème.

Les plus précieux des lieux : les bibliothèques ! Même nous, parmi les Collecteurs, avons choisi de mettre l'incontournable Fahrenheit 451 a notre enseigne commune.

Flash Back : Et toi, Carole, au sortir d'un cours sur la monnaie européenne, splendeur, ta carnation ivoire, tout un monde en mouvement déclenché par l'amour. Et cette discussion à bâtons rompus sur notre ville tant aimée, de culture et d'humanité. De cette ville éloignés temporairement.

Je ne sais par quelle patience sacrée tu es restée dans cet état d'amour toujours renouvelé, par cette pression positive continue, celle de ta foi comme celle d'un appareillage pour respirer vital pour moi, cette confiance sans doute, notre mutuelle entente et ce dessein commun de ne pas laisser échapper notre bonheur.

Les poèmes de la pomme et de la poire, de la cerise et de l'abricot

Nous deux qui florissons et connaissons
cela comme le résultat de la ferveur
De la plus grande passion
De la plus totale tendresse
La poésie fructifie pleinement après la
floraison
Ce que l'oiseau chante dans le verger
C'est l'hymne d'amour et de plénitude
C'est l'extase et l'admiration
C'est le chant des origines et de la
contrée paradisiaque
C'est une célébration de la fraîcheur et
de la maturation
Pleine harmonie et bonheur réunis
Joie d'être dans cette corne d'abondance
Réceptif et offert
Confiant mais vigilant
Empruntant un moment le vol des grues

cendrées
Gardant de la nature cette exigence
Qui fait de la vie une haute valeur
Celle démesurée et paisible

Large et complexe mais déliée comme
une danse sacrée.

Faut-il se rappeler l'ultime poème ? Le
plus achevé ? Le plus proche de nous ?

Albada al infinit

Alba-espina indispensable
El nostre estel doble
Floreix cada dia de l'any
Amb empelts en escudet
També de perer
Fa flors blanques i roses
Flors apaivagant el cor
Amor etern sempre renaixent
Fruits del amor del alba-espina
Arbre flors fruits divers
Amor amar per sempre
François Carole units
Dins aquest verger del món
Nostre arbre alba-espina
Fa meravelles d'or

Aubade à l'infini

Aubépine indispensable
Notre étoile double
Fleurit chaque jour de l'année
Avec des greffes en écusson
Aussi de poirier
Fait des fleurs blanches et roses
Fleurs apaisant le coeur
Amour éternel toujours renaissant
Fruits de l'amour de l'aubépine
Arbre fleurs fruits divers
Amour aimer pour toujours
François Carole unis
Dans ce verger du monde
Notre arbre aubépine
Fait des merveilles d'or

BIBLIOGRAPHIE DE FRANÇOIS SZABO

Poésie(recueils)

- *Enigmatic sound*, in English American, Obsidiana Press / États-Unis, 2020
- *La Bellesa*, ebook en catalan, Obsidiana Press, 2019 (accessible ici)
- *Cant per Carole*, version papier bilingue català / français, ebook bilingue català / français, Obsidiana / États-Unis, 2018
- **Cant per Carole**, Obsidiana Press, livre électronique libre, 2018
- *Aster Carole*, Obsidiana Press, 2018
- *Mesclun*, Obsidiana Press / États-Unis, 2017
- *Visa Permanent*, Obsidiana Press, ebook libre, États-Unis, 2017
- *Au Finisterre de l'imagination*, Obsidiana Press / États-Unis, 2016
- *La double impression et autres poèmes*, Obsidiana Press / États-Unis, 2015
- *Une voix de parole et d'extase*, Société des poètes français / France, 2015
- *La primera frase es una pregunta / La première phrase est une question*, El Taller del poeta / Espagne, 2015
- *Again, Life is a Gift !*, recueil de poems en an-

glais, publisher: HOLI, Bhubaneswar (India), septembre 2015

- *Nathanaël sous le figuier*, recueil de poèmes en français, peintures de Victorita Dutu, Obsidiana Press, Charleston WV, États-Unis, 2015, ebook gratuit
- *Résurgences, poésie, livre d'artiste avec Monique Ariello*, 3 exemplaires, 2014
- *Une teinte en retrait*, poésie, Obsidiana Press, 2013
- *Poemas Punk*, traduction en espagnol de Angeles Bustamante Gonzalez, Obsidiana Press, 2012
- *La Fraîcheur, petits poèmes en prose*, Obsidiana Press, 2012
- *La Fe : libreto de opera / la Foi, livret d'opéra*, réédition en ebook, Obsidiana Press, 2012
- *Non à la peste brune* !, pamphlet. ebook, Obsidiana Press, 2012
- *Fragilitate de cisturi*, traduction en roumain de Fragilité de cistes par Ioana Trica, Editora Ex Libris Universalis, 2011
- *Planète Pacifiée*, poésie, Obsidiana Press, 2012, réédition en e-book, préface de Jean Joubert, encres de Dimitri Szabó
- *Punk Poems*, poésie, Obsidiana Press, 2011, VO en anglais
- *Nouvelles Stances à Lénotchka*, poésie, Obsidiana Press, 2011
- *Planète Pacifiée*, poésie, 2010, avec 45 encres de Dimitri Szabó
- *La Fresque suivi de La Trêve et autres poèmes mystiques*, poésie, Obsidiana Press, 2009
- *Où la fleur affleure, poèmes et gravures de Corinne Leforestier*, livre d'artiste, Les éditions

libres de la cascade aux infinies questions, mai 2009

- *Demeure hors néant*, poèmes, Obsidiana Press, 2009
- *Entropie, avec des encres de Dimitri Szabó*, avril 2008
- *Fraternidad* (en castellano), Obsidiana Press, Plaquettes de Poesia, 2008
- *Le Don* (en français), Obsidiana Press, Plaquettes de Poesia, 2008
- *Variations* (en français et trilingue), éditions Textes et Prétextes, 2008
- *Miniatures : Parcelles d'un paradis inavouable,* livre d'artiste de Corinne Leforestier, 2008
- *Syncopes, Textes et Prétextes*, 2007
- *Dicha de lo dicho* (partition de Ioannis Kourtis), Éd. Eurochoral, 2007
- *Herbier de garrigue* (hors commerce – épuisé), 2006
- *Repères perdus, le Buvard de l'Abîme*, 2006
- *Páginas de invierno* (partition de Jean-Claude Wolff), Éd. Symétrie, 2006
- *Fragilité de cistes* (épuisé), 2005
- *Mis soledades / Mes solitudes,* Textes et Prétextes, 2005
- *Ojeada indolente / Coup d'œil nonchalant* (épuisé), Textes et Prétextes, 2004
- *Mini Poemas / Mini Poèmes* (épuisé), Textes et Prétextes, 2004
- *Abismo del corazón / Abîme du cœur* (épuisé), Textes et Prétextes, 2004
- *Ardor / Ardeur* (épuisé), Textes et Prétextes, 2004
- *Reinvendicación de la luz / Revendication de la lumière*, Louis Jean, 2003

- *Páginas de invierno / Pages d'hiver*, Louis Jean, 2001
- *Charlas con el amor / Petites conversations avec l'amour*, (épuisé), Louis Jean, 2000,
- *La Fe : libreto de ópera / La Foi : livret d'opéra*, Louis Jean, 2000
- *Eres mi fantasma / Tu es mon fantasme*, Louis Jean, 2000

Poésie en revues

- **Fabulous way** cinq poèmes dans Nueva Ola, revue en espagnol et américain (États-Unis), décembre 2019
- **Triages** n°30, juin 2018, revue en français (France)

- **Paradoja** n°19, décembre 2015, revue en espagnol (États-Unis)
- **Sans titre**, deux poèmes en français et en italien (traducteurs : Franco Blandino et Gemma Francone), revue Margutte (Italie), novembre 2014
- **Letras TRL** N°62, septembre 2013, revue en espagnol (Espagne)
- **Emigrantskaïa Lira** N°2, 2013, revue en russe (Belgique)
- **Paradoja** n°15, janvier 2013, revue en espagnol (États-Unis)
- **The Refined Savage Poetry Review** n°6 janvier 2009, TRS Poetry Review, revue de poésie en anglais, États-Unis.
- **Paradoja** n°13 août 2008, revue en espagnol. États-Unis
- **Arcoiris** n°27 décembre 2008, Arcoiris, revue de création bilingue espagnol / français – Toulon,

France
- **Le Capital des mots**, revue de poésie, n°8, juin 2008, Lecapitaldesmots, France
- **Arcoiris**, revue de création littéraire bilingue, n° 26, 2007, Arcoiris, France
- **Oglinda literara**, revue littéraire (traduction des poèmes en roumain par Ioana Trica), 2007, Roumanie
- **Sans titre**, poèmes publiés dans L'éveil du myosotis, anthologie dirigée par Jean-Pierre Béchu, Les éditions du net, Suresnes (France), 2014
- Sans titre, Terre de poètes, terre de paix, anthologie des poètes du monde sur la paix dirigée par Jean-Claude Awono, 2007 – Ifrikya, Cameroun

Poésie en anthologies

- *La vie*, poèmes in l'anthologie poétique *Les voix de l'extrême*, collectif de 18 poètes, coordonnateurs Manuel Parra et Frédéric Fautrier, 2020, France
- *Sans titres*, cinq poèmes publiés dans l'Agenda Poetas del Mundo, 2017, Chili
- *Sans titre*, poème publié dans Les Poètes, L'Eau et le Feu, anthologie dirigée par Jean-Pierre Béchu et Marguerite Chamon, Les éditions du net, 2017 Suresnes, France,
- *Sans titre*, poèmes publié dans l'Agenda Poetas del Mundo, 2016, Chili
- *Sans titre*, poème publié dans l'Agenda Poetas del Mundo, 2015, Chili
- *Sans titre*, poème publié dans Voir feuille jointe. 12 plasticiens / 12 poètes, 2015, Octon, France,
- *The wide space on us*, 60 poèmes publiés dans

The Wings of Poesy, anthologie dirigée par Mandal Bijoy Beg, Holi, 2015, Inde

- *Sans titre,* anthologie dirigée par Lourdes Batista, Solo para locos 2, Etats-Unis, 2015
- *Sans titre*, poème publié dans *Les poètes et le cosmique* anthologie dirigée par Jean-Pierre Béchu et Marguerite Chamon, Les éditions du net, Suresnes, France, 2015
- *Sans titre*, poèmes publiés dans L'éveil du myosotis, anthologie dirigée par Jean-Pierre Béchu, Les éditions du net, Suresnes (France), 2014
- *Sans titre*, Terre de poètes, terre de paix, anthologie des poètes du monde sur la paix dirigée par Jean-Claude Awono, 2007 – Ifrikya, Cameroun
- *Anthologie de la poésie francophone du début du XXIe siècle*, 2007, Laurent Fels, Luxembourg

Poésie en catalogues d'exposition

- Le créateur de calligraphie libre Shanshan Sun, poème en français et en chinois (traducteur : Shanshan Sun), publié dans Energie : les œuvres de Shanshan Sun, livre d'art, China the Famous Press, Hong- Kong, 2015
- Une voie singulière, Tempête de Shan, poèmes en français et en chinois (traducteur : Shanshan Sun), publiés dans Peinture Taoïste de ShanShan, catalogue d'exposition, Beijing (Chine), juillet 2014.

Contenu

Cette première édition de ***DEMOCRATIE
Oniris, Carole & Hóc***, de François Szabó, a été
achevé en août 2020 aux États-Unis d'Amérique.

Publié par
Obsidiana Press
www.obsidianapress.net